Sourate Luqman

(avec transcription phonétique)

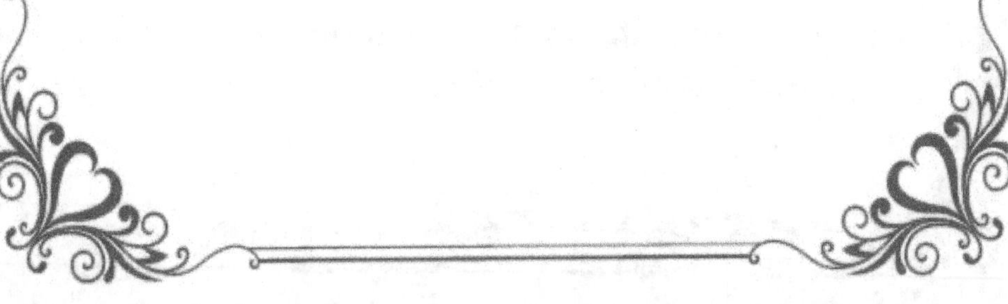

بِسْمِ اللهِ الرَّحْمَنِ الرَّحِيمِ

Bismillah hir rahman nir raheem

الم ﴿١﴾

Alif-Laaam-Meeem

تِلْكَ آيَاتُ الْكِتَابِ الْحَكِيمِ ﴿٢﴾

Tilka Aayaatul Kitaabil Hakeem

هُدًى وَرَحْمَةً لِّلْمُحْسِنِينَ ﴿٣﴾

Hudanw wa rahmatal lilmuhsineen

الَّذِينَ يُقِيمُونَ الصَّلَاةَ وَيُؤْتُونَ الزَّكَاةَ وَهُم بِالْآخِرَةِ هُمْ يُوقِنُونَ ﴿٤﴾

Allazeena yuqeemoonas Salaata wa yu'toonaz Zakaata wa hum bil Aakhirati hum yooqinoon

أُوْلَئِكَ عَلَى هُدًى مِّن رَّبِّهِمْ وَأُوْلَئِكَ هُمُ الْمُفْلِحُونَ ﴿٥﴾

Ulaaa'ika 'alaa hudam mir Rabbihim wa ulaaa'ika humul muflihoon

وَمِنَ النَّاسِ مَن يَشْتَرِي لَهْوَ الْحَدِيثِ لِيُضِلَّ عَن سَبِيلِ اللَّهِ بِغَيْرِ عِلْمٍ وَيَتَّخِذَهَا هُزُوًا أُولَئِكَ لَهُمْ عَذَابٌ مُّهِينٌ ﴿٦﴾

Wa minan naasi mai-yashtaree lahwal haddesi li yudilla 'an sabeelil laahi bighairi 'ilminw wa yattakhizahaa huzuwaa; ulaaa'ika lahum 'azaabum muheen

وَإِذَا تُتْلَى عَلَيْهِ آيَاتُنَا وَلَّى مُسْتَكْبِرًا كَأَن لَّمْ يَسْمَعْهَا كَأَنَّ فِي أُذُنَيْهِ وَقْرًا فَبَشِّرْهُ بِعَذَابٍ أَلِيمٍ ﴿٧﴾

Wa izaa tutlaa 'alayhi Aayaatunaa wallaa mustakbiran ka al lam yasma'haa ka anna feee uzunaihi waqran fabash shiru bi'azaabin aleem

إِنَّ الَّذِينَ آمَنُوا وَعَمِلُوا الصَّالِحَاتِ لَهُمْ جَنَّاتُ النَّعِيمِ ﴿٨﴾

Innal lazeena aamanoo wa 'amilus saalihaati lahum Janaatun Na'eem

خَالِدِينَ فِيهَا وَعْدَ اللَّهِ حَقًّا وَهُوَ الْعَزِيزُ الْحَكِيمُ ﴿٩﴾

Khaalideena feeha wa'dal laahi haqqaa; wa Huwal 'Azeezul Hakeem

خَلَقَ السَّمَاوَاتِ بِغَيْرِ عَمَدٍ تَرَوْنَهَا وَأَلْقَى فِي الْأَرْضِ رَوَاسِيَ أَن تَمِيدَ بِكُمْ وَبَثَّ فِيهَا مِن كُلِّ دَابَّةٍ وَأَنزَلْنَا مِنَ السَّمَاءِ مَاءً فَأَنبَتْنَا فِيهَا مِن كُلِّ زَوْجٍ كَرِيمٍ ﴿١٠﴾

Khalaqas samaawaati bi ghairi 'amadin tarawnahaa wa alqaa fil ardi rawaasiya an tameeda bikum wa bassa feehaa min kulli daaabbah; wa anzalnaa minas samaaa'i maaa'an fa ambatnaa feeha min kulli zawjin kareem

هَذَا خَلْقُ اللهِ فَأَرُونِي مَاذَا خَلَقَ الَّذِينَ مِن دُونِهِ بَلِ الظَّالِمُونَ فِي ضَلَالٍ مُبِينٍ ﴿١١﴾

Haazaa khalqul laahi fa aroonee maazaa khalaqal lazeena min doonih; baliz zaalimoona fee dalalim Mubeen

وَلَقَدْ آتَيْنَا لُقْمَانَ الْحِكْمَةَ أَنِ اشْكُرْ لِلَّهِ وَمَن يَشْكُرْ فَإِنَّمَا يَشْكُرُ لِنَفْسِهِ وَمَن كَفَرَ فَإِنَّ اللهَ غَنِيٌّ حَمِيدٌ ﴿١٢﴾

Wa laqad aatainaa Luqmaanal hikmata anishkur lillaah; wa many yashkur fa innamaa yashkuru linafsihee wa man kafara fa innal laaha Ghaniyyun Hameed

وَإِذْ قَالَ لُقْمَانُ لِابْنِهِ وَهُوَ يَعِظُهُ يَا بُنَيَّ لَا تُشْرِكْ بِاللَّهِ إِنَّ الشِّرْكَ لَظُلْمٌ عَظِيمٌ ﴿١٣﴾

Wa iz qaala luqmaanu libnihee wa huwa ya'izuhoo ya bunaiya laa tushrik billaah; innash shirka lazulmun 'azeem

وَوَصَّيْنَا الْإِنْسَانَ بِوَالِدَيْهِ حَمَلَتْهُ أُمُّهُ وَهْنًا عَلَى وَهْنٍ وَفِصَالُهُ فِي عَامَيْنِ أَنِ اشْكُرْ لِي وَلِوَالِدَيْكَ إِلَيَّ الْمَصِيرُ ﴿١٤﴾

Wa wassainal insaana bi waalidaihi hamalat hu ummuhoo wahnan 'alaa wahninw wa fisaaluhoo fee 'aamaini anishkur lee wa liwaalidaika ilaiyal maseer

وَإِنْ جَاهَدَاكَ عَلَى أَنْ تُشْرِكَ بِي مَا لَيْسَ لَكَ بِهِ عِلْمٌ فَلَا تُطِعْهُمَا وَصَاحِبْهُمَا فِي الدُّنْيَا مَعْرُوفًا وَاتَّبِعْ سَبِيلَ مَنْ أَنَابَ إِلَيَّ ثُمَّ إِلَيَّ مَرْجِعُكُمْ فَأُنَبِّئُكُمْ بِمَا كُنْتُمْ تَعْمَلُونَ ﴿١٥﴾

Wa in jaahadaaka 'alaaa an tushrika bee maa laisa laka bihee 'ilmun falaa tuti'humaa wa saahib humaa fid dunyaa ma'roofanw wattabi' sabeela man anaaba ilayy; summa ilaiya marji'ukum fa unabbi'ukum bimaa kuntum ta'maloon

يَا بُنَيَّ إِنَّهَا إِن تَكُ مِثْقَالَ حَبَّةٍ مِّنْ خَرْدَلٍ فَتَكُن فِي صَخْرَةٍ أَوْ فِي السَّمَاوَاتِ أَوْ فِي الْأَرْضِ يَأْتِ بِهَا اللَّهُ إِنَّ اللَّهَ لَطِيفٌ خَبِيرٌ ﴿١٦﴾

Ya bunaiya innahaaa in taku misqaala habbatim min khardalin fatakun fee sakhratin aw fis samaawaati aw fil ardi yaati bi Allah; innal laaha lateefun Khabeer

يَا بُنَيَّ أَقِمِ الصَّلَاةَ وَأْمُرْ بِالْمَعْرُوفِ وَانْهَ عَنِ الْمُنكَرِ وَاصْبِرْ عَلَى مَا أَصَابَكَ إِنَّ ذَلِكَ مِنْ عَزْمِ الْأُمُورِ ﴿١٧﴾

Yaa bunaiya aqimis-Salaata waamur bilma'roofi wanha 'anil munkari wasbir 'alaa maaa asaabaka inna zaalika min 'azmil umoor

وَلَا تُصَعِّرْ خَدَّكَ لِلنَّاسِ وَلَا تَمْشِ فِي الْأَرْضِ مَرَحًا إِنَّ اللَّهَ لَا يُحِبُّ كُلَّ مُخْتَالٍ فَخُورٍ ﴿١٨﴾

Wa laa tusa'-'ir khaddaka linnaasi wa laa tamshi fil ardi maarahan innal laaha laa yuhibbu kulla mukhtaalin fakhoor

وَاقْصِدْ فِي مَشْيِكَ وَاغْضُضْ مِن صَوْتِكَ إِنَّ أَنكَرَ الْأَصْوَاتِ لَصَوْتُ الْحَمِيرِ ﴿١٩﴾

Waqsid fee mashyika waghdud min sawtik; inna ankaral aswaati lasawtul hameer

أَلَمْ تَرَوْا أَنَّ اللَّهَ سَخَّرَ لَكُم مَّا فِي السَّمَاوَاتِ وَمَا فِي الْأَرْضِ وَأَسْبَغَ عَلَيْكُمْ نِعَمَهُ ظَاهِرَةً وَبَاطِنَةً وَمِنَ النَّاسِ مَن يُجَادِلُ فِي اللَّهِ بِغَيْرِ عِلْمٍ وَلَا هُدًى وَلَا كِتَابٍ مُّنِيرٍ ﴿٢٠﴾

Alam taraw annal laaha sakhkhara lakum maa fis sa maawaati wa maa fil ardi wa asbagha 'alaikum ni'amahoo zaahiratanw wa baatinah; wa minan naasi many yujaadilu fil laahi bighayri 'ilminw wa laa hudanw wa laa Kitaabim muneer

وَإِذَا قِيلَ لَهُمُ اتَّبِعُوا مَا أَنزَلَ اللَّهُ قَالُوا بَلْ نَتَّبِعُ مَا وَجَدْنَا عَلَيْهِ آبَاءَنَا أَوَلَوْ كَانَ الشَّيْطَانُ يَدْعُوهُمْ إِلَى عَذَابِ السَّعِيرِ ﴿٢١﴾

Wa izaa qeela lahumut-tabi'oo maaa anzalal laahu qaaloo bal nattabi'u maa wajadnaa 'alaihi aabaaa'anaa; awaluw kaanash Shaitaanu yad'oohum ilaa 'azaabis sa'eer

وَمَن يُسْلِمْ وَجْهَهُ إِلَى اللَّهِ وَهُوَ مُحْسِنٌ فَقَدِ اسْتَمْسَكَ بِالْعُرْوَةِ الْوُثْقَى وَإِلَى اللَّهِ عَاقِبَةُ الْأُمُورِ ﴿٢٢﴾

Wa many yuslim wajha hooo ilal laahi wa huwa muhsinun faqadistamsaka bil'ur watil wusqaa; wa ilal laahi 'aaqibatul umoor

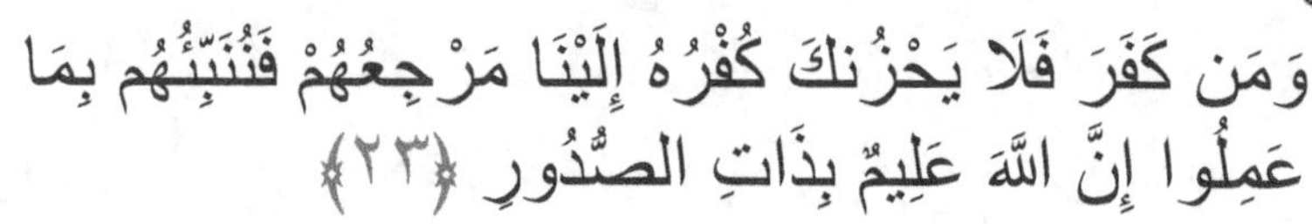

وَمَن كَفَرَ فَلَا يَحْزُنكَ كُفْرُهُ إِلَيْنَا مَرْجِعُهُمْ فَنُنَبِّئُهُم بِمَا عَمِلُوا إِنَّ اللَّهَ عَلِيمٌ بِذَاتِ الصُّدُورِ ﴿٢٣﴾

Wa man kafara falaa yahzunka kufruh; ilainaa
marji'uhum fanunabbi'uhum bimaa 'amiloo;
innal laaha 'aleemum bizaatis sudoor

نُمَتِّعُهُمْ قَلِيلًا ثُمَّ نَضْطَرُّهُمْ إِلَى عَذَابٍ غَلِيظٍ ﴿٢٤﴾

Numatti'uhum qaleelan summa nadtarruhum
ilaa 'azaabin ghaleez

وَلَئِن سَأَلْتَهُم مَّنْ خَلَقَ السَّمَاوَاتِ وَالْأَرْضَ لَيَقُولُنَّ اللَّهُ قُلِ الْحَمْدُ لِلَّهِ بَلْ أَكْثَرُهُمْ لَا يَعْلَمُونَ ﴿٢٥﴾

Wa la'in sa altahum man khalaqas
samaawaati wal arda la yaqoolunnal laah;
qulil hamdu lillaah; bal aksaruhum laa
ya'lamoon

لِلَّهِ مَا فِي السَّمَاوَاتِ وَالْأَرْضِ إِنَّ اللَّهَ هُوَ الْغَنِيُّ الْحَمِيدُ ﴿٢٦﴾

Lillahi ma fis samaa waati wal ard; innal
laaha Huwal Ghaniyyul Hameed

وَلَوْ أَنَّمَا فِي الْأَرْضِ مِن شَجَرَةٍ أَقْلَامٌ وَالْبَحْرُ يَمُدُّهُ مِن بَعْدِهِ سَبْعَةُ أَبْحُرٍ مَّا نَفِدَتْ كَلِمَاتُ اللَّهِ إِنَّ اللَّهَ عَزِيزٌ حَكِيمٌ ﴿٢٧﴾

Wa law annamaa fil ardi min shajaratin aqlaamunw wal bahru yamudduhoo mim ba'dihee sab'atu abhurim maa nafidat Kalimaatul laah; innal laaha 'azeezun Hakeem

مَّا خَلْقُكُمْ وَلَا بَعْثُكُمْ إِلَّا كَنَفْسٍ وَاحِدَةٍ إِنَّ اللَّهَ سَمِيعٌ بَصِيرٌ ﴿٢٨﴾

Maa khalqukum wa laa ba'sukum illaa kanafsinw-waa hidah; innal laaha Samee'um Baseer

أَلَمْ تَرَ أَنَّ اللَّهَ يُولِجُ اللَّيْلَ فِي النَّهَارِ وَيُولِجُ النَّهَارَ فِي اللَّيْلِ وَسَخَّرَ الشَّمْسَ وَالْقَمَرَ كُلٌّ يَجْرِي إِلَى أَجَلٍ مُّسَمًّى وَأَنَّ اللَّهَ بِمَا تَعْمَلُونَ خَبِيرٌ ﴿٢٩﴾

Alam tara annal laaha yoolijul laila fin nahaari wa yoolijun nahaara fil laili wa sakhkharash shamsa wal qamara kulluny yajreee ilaa ajalim musammanw wa annal laaha bimaa ta'maloona Khabeer

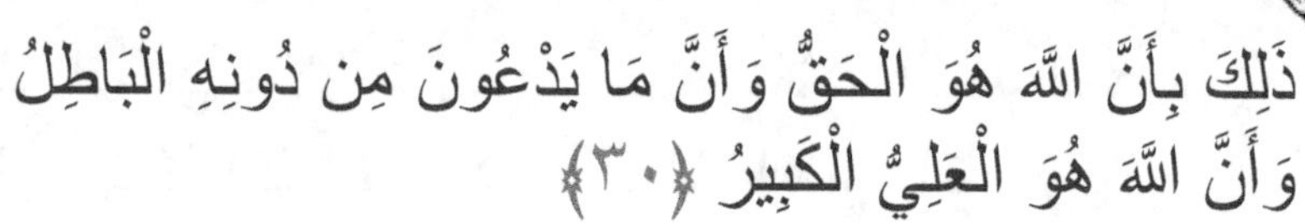

ذَلِكَ بِأَنَّ اللَّهَ هُوَ الْحَقُّ وَأَنَّ مَا يَدْعُونَ مِن دُونِهِ الْبَاطِلُ وَأَنَّ اللَّهَ هُوَ الْعَلِيُّ الْكَبِيرُ ﴿٣٠﴾

Zaalika bi annal laaha Huwal Haqqu wa anna maa yad'oona min doonihil baatilu wa annal laaha Huwal 'Aliyyul Kabeer

أَلَمْ تَرَ أَنَّ الْفُلْكَ تَجْرِي فِي الْبَحْرِ بِنِعْمَتِ اللَّهِ لِيُرِيَكُم مِّنْ آيَاتِهِ إِنَّ فِي ذَلِكَ لَآيَاتٍ لِّكُلِّ صَبَّارٍ شَكُورٍ ﴿٣١﴾

Alam tara annal fulka tajree fil bahri bini'matil laahi li yuriyakum min Aayaatih; inna fee zaalika la Aayaatil likulli sabbaarin shakoor

وَإِذَا غَشِيَهُم مَّوْجٌ كَالظُّلَلِ دَعَوُا اللَّهَ مُخْلِصِينَ لَهُ الدِّينَ فَلَمَّا نَجَّاهُمْ إِلَى الْبَرِّ فَمِنْهُم مُّقْتَصِدٌ وَمَا يَجْحَدُ بِآيَاتِنَا إِلَّا كُلُّ خَتَّارٍ كَفُورٍ ﴿٣٢﴾

Wa izaa ghashiyahum mawjun kazzulali da'a-wul laaha mukhliseena lahud deena fa lammaa najjaahum ilal barri faminhum muqtasid; wa maa yajhadu bi Aayaatinaa illaa kullu khattaarin kafoor

يَا أَيُّهَا النَّاسُ اتَّقُوا رَبَّكُمْ وَاخْشَوْا يَوْمًا لَّا يَجْزِي وَالِدٌ عَن وَلَدِهِ وَلَا مَوْلُودٌ هُوَ جَازٍ عَن وَالِدِهِ شَيْئًا إِنَّ وَعْدَ اللَّهِ حَقٌّ فَلَا تَغُرَّنَّكُمُ الْحَيَاةُ الدُّنْيَا وَلَا يَغُرَّنَّكُم بِاللَّهِ الْغَرُورُ ﴿٣٣﴾

Yaaa ayyuhan naasuttaqoo Rabbakum wakhshaw Yawmal laa yajzee waalidun 'anw waladihee wa laa mawloodun huwa jaazin 'anw waalidihee shai'aa; innaa wa'dal laahi haqqun falaa taghurran nakumul hayaatud dunyaa wa laa yaghur rannakum billaahil gharoor

إِنَّ اللَّهَ عِندَهُ عِلْمُ السَّاعَةِ وَيُنَزِّلُ الْغَيْثَ وَيَعْلَمُ مَا فِي الْأَرْحَامِ وَمَا تَدْرِي نَفْسٌ مَّاذَا تَكْسِبُ غَدًا وَمَا تَدْرِي نَفْسٌ بِأَيِّ أَرْضٍ تَمُوتُ إِنَّ اللَّهَ عَلِيمٌ خَبِيرٌ ﴿٣٤﴾

Innal laaha 'indahoo 'ilmus saa'ati wa yunazzilul ghaisa wa ya'lamu maa fil arhaami wa maa tadree nafsum maazaa taksibu ghadaa; wa maa tadree nafsum bi ayyi ardin tamoot; innal laaha 'Aleemun Khabeer

Sourate Luqman

(avec traduction française)

بِسْمِ اللهِ الرَّحْمَنِ الرَّحِيمِ

Au nom d'allah le tout miséricordieux le très miséricordieux

الم ﴿١﴾

Alif, Lam, Mim

تِلْكَ آيَاتُ الْكِتَابِ الْحَكِيمِ ﴿٢﴾

Voici les versets du Livre plein de sagesse

هُدًى وَرَحْمَةً لِّلْمُحْسِنِينَ ﴿٣﴾

C'est un guide et une miséricorde aux bienfaisants

الَّذِينَ يُقِيمُونَ الصَّلَاةَ وَيُؤْتُونَ الزَّكَاةَ وَهُم بِالْآخِرَةِ هُمْ يُوقِنُونَ ﴿٤﴾

qui accomplissent la Salat, acquittent la Zakat et qui croient avec certitude en l'au-delà

أُوْلَئِكَ عَلَى هُدًى مِّن رَّبِّهِمْ وَأُوْلَئِكَ هُمُ الْمُفْلِحُونَ ﴿٥﴾

Ceux-là sont sur le chemin droit de leur Seigneur et ce sont eux les bienheureux

وَمِنَ النَّاسِ مَن يَشْتَرِي لَهْوَ الْحَدِيثِ لِيُضِلَّ عَن سَبِيلِ اللهِ بِغَيْرِ عِلْمٍ وَيَتَّخِذَهَا هُزُوًا أُولَئِكَ لَهُمْ عَذَابٌ مُّهِينٌ ﴿٦﴾

Et, parmi les hommes, il est [quelqu'un] qui, dénué de science, achète de plaisants discours pour égarer hors du chemin d'Allah et pour le prendre en raillerie. Ceux-là subiront un châtiment avilissant

وَإِذَا تُتْلَى عَلَيْهِ آيَاتُنَا وَلَّى مُسْتَكْبِرًا كَأَن لَّمْ يَسْمَعْهَا كَأَنَّ فِي أُذُنَيْهِ وَقْرًا فَبَشِّرْهُ بِعَذَابٍ أَلِيمٍ ﴿٧﴾

Et quand on lui récite Nos versets, il tourne le dos avec orgueil, comme s'il ne les avait point entendus, comme s'il y avait un poids dans ses oreilles. Fais-lui donc l'annonce d'un châtiment douloureux

إِنَّ الَّذِينَ آمَنُوا وَعَمِلُوا الصَّالِحَاتِ لَهُمْ جَنَّاتُ النَّعِيمِ ﴿٨﴾

Ceux qui croient et accomplissent les bonnes œuvres auront les Jardins des délices

خَالِدِينَ فِيهَا وَعْدَ اللهِ حَقًّا وَهُوَ الْعَزِيزُ الْحَكِيمُ ﴿٩﴾

pour y demeurer éternellement, -c'est en vérité une promesse d'Allah-. C'est Lui le Puissant, le Sage

خَلَقَ السَّمَاوَاتِ بِغَيْرِ عَمَدٍ تَرَوْنَهَا وَأَلْقَى فِي الْأَرْضِ رَوَاسِيَ أَن تَمِيدَ بِكُمْ وَبَثَّ فِيهَا مِن كُلِّ دَابَّةٍ وَأَنزَلْنَا مِنَ السَّمَاء مَاء فَأَنبَتْنَا فِيهَا مِن كُلِّ زَوْجٍ كَرِيمٍ ﴿١٠﴾

Il a créé les cieux sans piliers que vous puissiez voir; et Il a enfoncé des montagnes fermes dans la terre pour l'empêcher de basculer avec vous; et Il y a propagé des animaux de toute espèce. Et du ciel, Nous avons fait descendre une eau, avec laquelle Nous avons fait pousser des plantes productives par couples de toute espèce

هَذَا خَلْقُ اللَّهِ فَأَرُونِي مَاذَا خَلَقَ الَّذِينَ مِن دُونِهِ بَلِ الظَّالِمُونَ فِي ضَلَالٍ مُّبِينٍ ﴿١١﴾

« Voilà la création d'Allah. Montrez-Moi donc ce qu'ont créé, ceux qui sont en dehors de Lui ? » Mais les injustes sont dans un égarement évident

وَلَقَدْ آتَيْنَا لُقْمَانَ الْحِكْمَةَ أَنِ اشْكُرْ لِلَّهِ وَمَن يَشْكُرْ فَإِنَّمَا يَشْكُرُ لِنَفْسِهِ وَمَن كَفَرَ فَإِنَّ اللَّهَ غَنِيٌّ حَمِيدٌ ﴿١٢﴾

Nous avons effectivement donné à Luqmân la sagesse: « Sois reconnaissant à Allah, car quiconque est reconnaissant, n'est reconnaissant que pour soi-même; quant à celui qui est ingrat... En vérité, Allah se dispense de tout, et Il est digne de louange. »

وَإِذْ قَالَ لُقْمَانُ لِابْنِهِ وَهُوَ يَعِظُهُ يَا بُنَيَّ لَا تُشْرِكْ بِاللَّهِ إِنَّ الشِّرْكَ لَظُلْمٌ عَظِيمٌ ﴿١٣﴾

Et lorsque Luqmân dit à son fils tout en l'exhortant: « Ô mon fils, ne donne pas d'associé à Allah, car l'association à [Allah] est vraiment une injustice énorme. »

وَوَصَّيْنَا الْإِنسَانَ بِوَالِدَيْهِ حَمَلَتْهُ أُمُّهُ وَهْنًا عَلَى وَهْنٍ وَفِصَالُهُ فِي عَامَيْنِ أَنِ اشْكُرْ لِي وَلِوَالِدَيْكَ إِلَيَّ الْمَصِيرُ ﴿١٤﴾

Nous avons commandé à l'homme [la bienfaisance envers] ses père et mère; sa mère l'a porté [subissant pour lui] peine sur peine: son sevrage a lieu à deux ans. « Sois reconnaissant envers Moi ainsi qu'envers tes parents. Vers Moi est la destination

وَإِن جَاهَدَاكَ عَلَى أَن تُشْرِكَ بِي مَا لَيْسَ لَكَ بِهِ عِلْمٌ فَلَا تُطِعْهُمَا وَصَاحِبْهُمَا فِي الدُّنْيَا مَعْرُوفًا وَاتَّبِعْ سَبِيلَ مَنْ أَنَابَ إِلَيَّ ثُمَّ إِلَيَّ مَرْجِعُكُمْ فَأُنَبِّئُكُم بِمَا كُنتُمْ تَعْمَلُونَ ﴿١٥﴾

Et si tous deux te forcent à M'associer ce dont tu n'as aucune connaissance, alors ne leur obéis pas; mais reste avec eux ici-bas de façon convenable. Et suis le sentier de celui qui se tourne vers Moi. Vers Moi, ensuite, est votre retour, et alors Je vous informerai de ce que vous faisiez. »

يَا بُنَيَّ إِنَّهَا إِن تَكُ مِثْقَالَ حَبَّةٍ مِّنْ خَرْدَلٍ فَتَكُن فِي صَخْرَةٍ أَوْ فِي السَّمَاوَاتِ أَوْ فِي الْأَرْضِ يَأْتِ بِهَا اللَّهُ إِنَّ اللَّهَ لَطِيفٌ خَبِيرٌ ﴿١٦﴾

« Ô mon enfant, fût-ce le poids d'un grain de moutarde, au fond d'un rocher, ou dans les cieux ou dans la terre, Allah le fera venir. Allah est infiniment Doux et Parfaitement Connaisseur

يَا بُنَيَّ أَقِمِ الصَّلَاةَ وَأْمُرْ بِالْمَعْرُوفِ وَانْهَ عَنِ الْمُنكَرِ وَاصْبِرْ عَلَى مَا أَصَابَكَ إِنَّ ذَلِكَ مِنْ عَزْمِ الْأُمُورِ ﴿١٧﴾

Ô mon enfant accomplis la Salat, commande le convenable, interdis le blâmable et endure ce qui t'arrive avec patience. Telle est la résolution à prendre dans toute entreprise

وَلَا تُصَعِّرْ خَدَّكَ لِلنَّاسِ وَلَا تَمْشِ فِي الْأَرْضِ مَرَحًا إِنَّ اللَّهَ لَا يُحِبُّ كُلَّ مُخْتَالٍ فَخُورٍ ﴿١٨﴾

Et ne détourne pas ton visage des hommes, et ne foule pas la terre avec arrogance: car Allah n'aime pas le présomptueux plein de gloriole

وَاقْصِدْ فِي مَشْيِكَ وَاغْضُضْ مِن صَوْتِكَ إِنَّ أَنكَرَ الْأَصْوَاتِ لَصَوْتُ الْحَمِيرِ ﴿١٩﴾

Sois modeste dans ta démarche, et baisse ta voix, car la plus détestée des voix, c'est bien la voix des ânes. »

أَلَمْ تَرَوْا أَنَّ اللَّهَ سَخَّرَ لَكُم مَّا فِي السَّمَاوَاتِ وَمَا فِي الْأَرْضِ وَأَسْبَغَ عَلَيْكُمْ نِعَمَهُ ظَاهِرَةً وَبَاطِنَةً وَمِنَ النَّاسِ مَن يُجَادِلُ فِي اللَّهِ بِغَيْرِ عِلْمٍ وَلَا هُدًى وَلَا كِتَابٍ مُّنِيرٍ ﴿٢٠﴾

Ne voyez-vous pas qu'Allah vous a assujetti ce qui est dans les cieux et sur la terre ? Et Il vous a comblés de Ses bienfaits apparents et cachés. Et parmi les gens, il y en a qui disputent à propos d'Allah, sans science, ni guidée, ni Livre éclairant

وَإِذَا قِيلَ لَهُمُ اتَّبِعُوا مَا أَنزَلَ اللَّهُ قَالُوا بَلْ نَتَّبِعُ مَا وَجَدْنَا عَلَيْهِ آبَاءَنَا أَوَلَوْ كَانَ الشَّيْطَانُ يَدْعُوهُمْ إِلَى عَذَابِ السَّعِيرِ ﴿٢١﴾

Et quand on leur dit: « Suivez ce qu'Allah a fait descendre », ils disent: « Nous suivons plutôt ce sur quoi nous avons trouvé nos ancêtres. » Est-ce donc même si le Diable les appelait au châtiment de la fournaise

وَمَن يُسْلِمْ وَجْهَهُ إِلَى اللَّهِ وَهُوَ مُحْسِنٌ فَقَدِ اسْتَمْسَكَ بِالْعُرْوَةِ الْوُثْقَى وَإِلَى اللَّهِ عَاقِبَةُ الْأُمُورِ ﴿٢٢﴾

Et quiconque soumet son être à Allah, tout en étant bienfaisant, s'accroche réellement à l'anse la plus ferme. La fin de toute chose appartient à Allah

وَمَن كَفَرَ فَلَا يَحْزُنكَ كُفْرُهُ إِلَيْنَا مَرْجِعُهُمْ فَنُنَبِّئُهُم بِمَا عَمِلُوا إِنَّ اللَّهَ عَلِيمٌ بِذَاتِ الصُّدُورِ ﴿٢٣﴾

Celui qui a mécru, que sa mécréance ne t'afflige pas: vers Nous sera leur retour et Nous les informerons de ce qu'ils faisaient. Allah connaît bien le contenu des poitrines

نُمَتِّعُهُمْ قَلِيلًا ثُمَّ نَضْطَرُّهُمْ إِلَى عَذَابٍ غَلِيظٍ ﴿٢٤﴾

Nous leur donnons de la jouissance pour peu de temps; ensuite Nous les forcerons vers un dur châtiment

وَلَئِن سَأَلْتَهُم مَّنْ خَلَقَ السَّمَاوَاتِ وَالْأَرْضَ لَيَقُولُنَّ اللَّهُ قُلِ الْحَمْدُ لِلَّهِ بَلْ أَكْثَرُهُمْ لَا يَعْلَمُونَ ﴿٢٥﴾

Si tu leur demandes: « Qui a créé les cieux et la terre ? », ils diront, certes: « Allah ! » Dis: « Louange à Allah ! » Mais la plupart d'entre eux ne savent pas

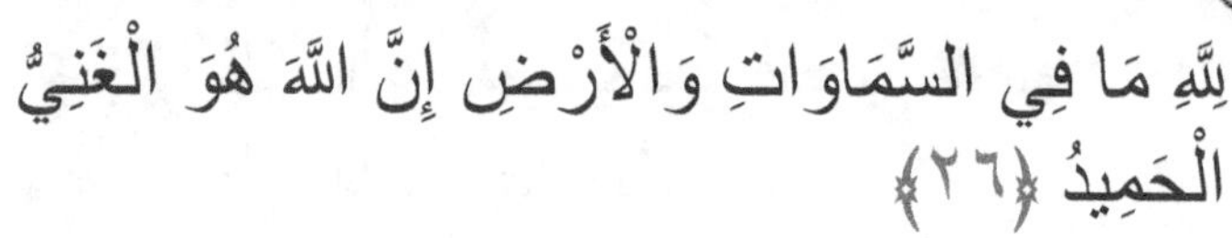

لِلَّهِ مَا فِي السَّمَاوَاتِ وَالْأَرْضِ إِنَّ اللَّهَ هُوَ الْغَنِيُّ الْحَمِيدُ ﴿٢٦﴾

À Allah appartient tout ce qui est dans les cieux et en terre. Allah est Celui qui se suffit à Lui-même, Il est Le Digne de louange

وَلَوْ أَنَّمَا فِي الْأَرْضِ مِن شَجَرَةٍ أَقْلَامٌ وَالْبَحْرُ يَمُدُّهُ مِن بَعْدِهِ سَبْعَةُ أَبْحُرٍ مَّا نَفِدَتْ كَلِمَاتُ اللَّهِ إِنَّ اللَّهَ عَزِيزٌ حَكِيمٌ ﴿٢٧﴾

Quand bien même tous les arbres de la terre se changeraient en calames [plumes pour écrire], quand bien même l'océan serait un océan d'encre où conflueraient sept autres océans, les paroles d'Allah ne s'épuiseraient pas. Car Allah est Puissant et Sage

مَّا خَلْقُكُمْ وَلَا بَعْثُكُمْ إِلَّا كَنَفْسٍ وَاحِدَةٍ إِنَّ اللَّهَ سَمِيعٌ بَصِيرٌ ﴿٢٨﴾

Votre création et votre résurrection [à tous] sont [aussi faciles à Allah] que s'il s'agissait d'une seule âme. Certes Allah est Audient et Clairvoyant

أَلَمْ تَرَ أَنَّ اللَّهَ يُولِجُ اللَّيْلَ فِي النَّهَارِ وَيُولِجُ النَّهَارَ فِي اللَّيْلِ وَسَخَّرَ الشَّمْسَ وَالْقَمَرَ كُلٌّ يَجْرِي إِلَى أَجَلٍ مُّسَمًّى وَأَنَّ اللَّهَ بِمَا تَعْمَلُونَ خَبِيرٌ ﴿٢٩﴾

N'as-tu pas vu qu'Allah fait pénétrer la nuit dans le jour, et qu'il fait pénétrer le jour dans la nuit, et qu'Il a assujetti le soleil et la lune chacun poursuivant sa course jusqu'à un terme fixé ? Et Allah est Parfaitement Connaisseur de ce que vous faites

ذَلِكَ بِأَنَّ اللَّهَ هُوَ الْحَقُّ وَأَنَّ مَا يَدْعُونَ مِن دُونِهِ الْبَاطِلُ وَأَنَّ اللَّهَ هُوَ الْعَلِيُّ الْكَبِيرُ ﴿٣٠﴾

Il en est ainsi parce qu'Allah est la Vérité, et que tout ce qu'ils invoquent en dehors de Lui est le Faux, et qu'Allah, c'est Lui le Haut, le Grand

أَلَمْ تَرَ أَنَّ الْفُلْكَ تَجْرِي فِي الْبَحْرِ بِنِعْمَتِ اللَّهِ لِيُرِيَكُم مِّنْ آيَاتِهِ إِنَّ فِي ذَلِكَ لَآيَاتٍ لِّكُلِّ صَبَّارٍ شَكُورٍ ﴿٣١﴾

N'as-tu pas vu que c'est par la grâce d'Allah que le vaisseau vogue dans la mer, afin qu'Il vous fasse voir de Ses merveilles ? Il y a en cela des preuves pour tout homme patient et reconnaissant

وَإِذَا غَشِيَهُم مَّوْجٌ كَالظُّلَلِ دَعَوُا اللَّهَ مُخْلِصِينَ لَهُ الدِّينَ فَلَمَّا نَجَّاهُمْ إِلَى الْبَرِّ فَمِنْهُم مُّقْتَصِدٌ وَمَا يَجْحَدُ بِآيَاتِنَا إِلَّا كُلُّ خَتَّارٍ كَفُورٍ ﴿٣٢﴾

Quand une vague les recouvre comme des ombres, ils invoquent Allah, vouant leur culte exclusivement à Lui; et lorsqu'Il les sauve, en les ramenant vers la terre ferme, certains d'entre eux deviennent réticents; mais, seul le grand traître et le grand ingrat renient Nos signes

يَا أَيُّهَا النَّاسُ اتَّقُوا رَبَّكُمْ وَاخْشَوْا يَوْمًا لَّا يَجْزِي وَالِدٌ عَن وَلَدِهِ وَلَا مَوْلُودٌ هُوَ جَازٍ عَن وَالِدِهِ شَيْئًا إِنَّ وَعْدَ اللَّهِ حَقٌّ فَلَا تَغُرَّنَّكُمُ الْحَيَاةُ الدُّنْيَا وَلَا يَغُرَّنَّكُم بِاللَّهِ الْغَرُورُ ﴿٣٣﴾

Ô hommes ! Craignez votre Seigneur et redoutez un jour où le père ne répondra en quoi que ce soit pour son enfant, ni l'enfant pour son père. La promesse d'Allah est vérité. Que la vie présente ne vous trompe donc pas, et que le Trompeur (Satan) ne vous induise pas en erreur sur Allah

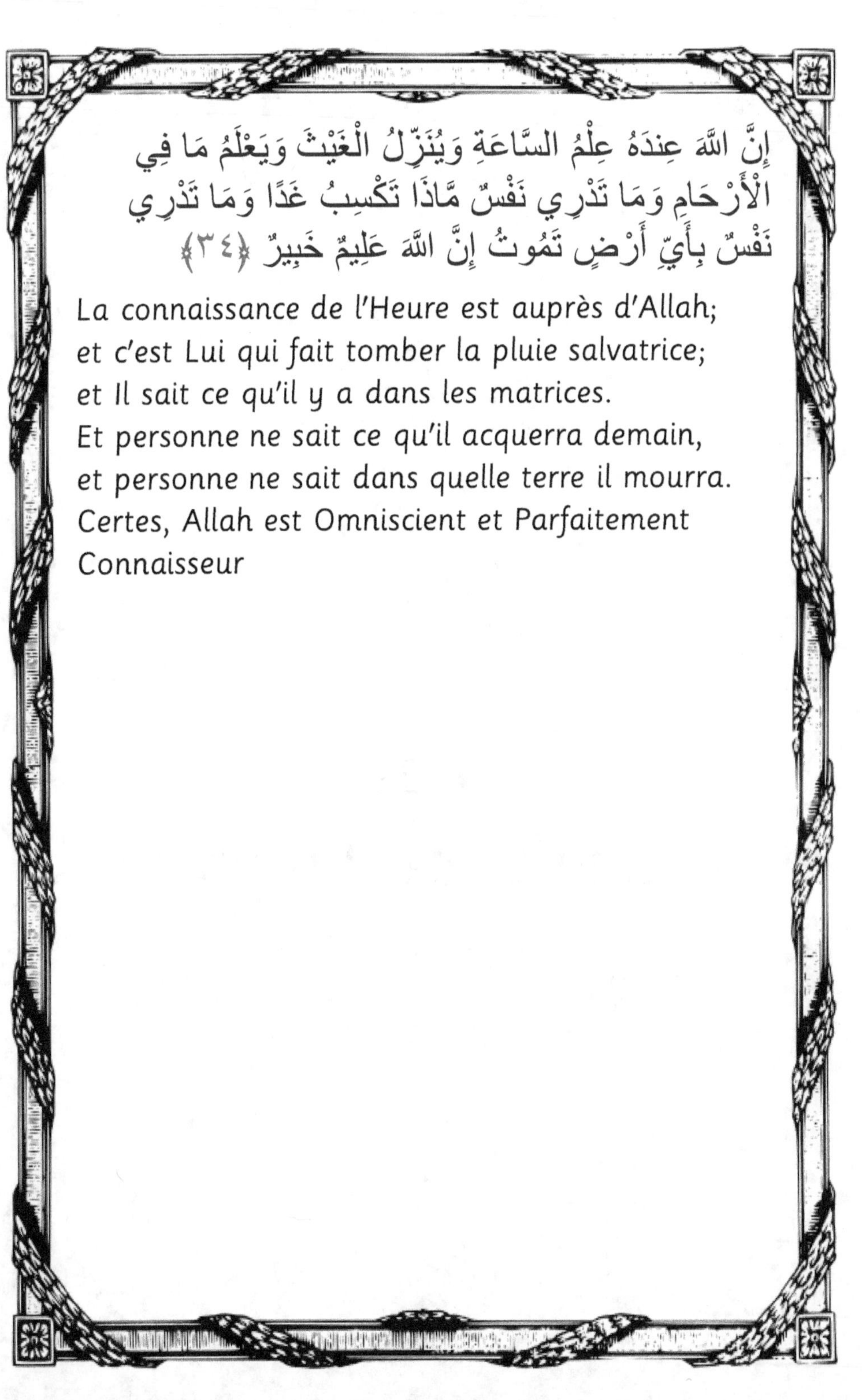

إِنَّ اللَّهَ عِندَهُ عِلْمُ السَّاعَةِ وَيُنَزِّلُ الْغَيْثَ وَيَعْلَمُ مَا فِي الْأَرْحَامِ وَمَا تَدْرِي نَفْسٌ مَّاذَا تَكْسِبُ غَدًا وَمَا تَدْرِي نَفْسٌ بِأَيِّ أَرْضٍ تَمُوتُ إِنَّ اللَّهَ عَلِيمٌ خَبِيرٌ ﴿٣٤﴾

La connaissance de l'Heure est auprès d'Allah;
et c'est Lui qui fait tomber la pluie salvatrice;
et Il sait ce qu'il y a dans les matrices.
Et personne ne sait ce qu'il acquerra demain,
et personne ne sait dans quelle terre il mourra.
Certes, Allah est Omniscient et Parfaitement
Connaisseur

Les conseils de Luqman

10 conseils

L'homme sage, dénommé Luqman, a donné 10 conseils à son fils. Ce sont des conseils pertinents à suivre en tout temps et en tout lieu, surtout par tout parent désireux d'élever son enfant à la lumière de l'Islam.

Il est dit que si tous les parents appliquaient les conseils de Luqman, il n'y aurait pas lieu de s'inquiéter du sort des enfants dans l'Au-delà. On leur a ainsi montré le chemin menant au paradis.

Ces quelques versets coraniques succincts qui regroupent les conseils de Luqman prodigués à son fils, se trouve la clé du succès dans cette vie ainsi qu'au Jour Dernier.

1

> « O mon fils ! Ne donne pas d'associé à Allah. Certes, l'association à [Allah] est vraiment une injustice énorme. »
>
> (Coran 31:13)

Luqman s'adresse à lui par « mon fils » plutôt que par son nom. C'est pour mettre en exergue leur lien familial. Il attire son attention en l'encourageant à prêter une oreille attentive à ce qu'il va lui dire. Puis, il révèle à son fils ce qui est le plus important au regard d'Allah.

2

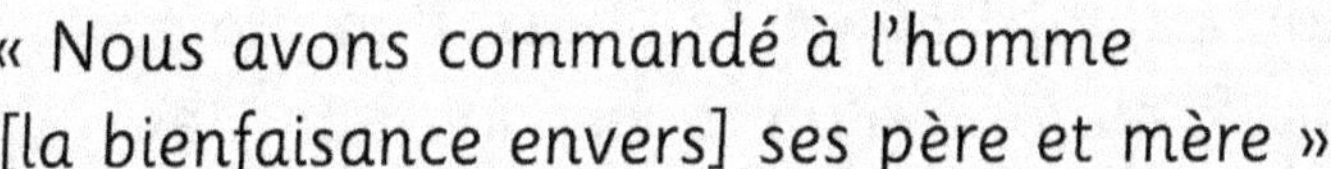

Dans le Coran, Allah mentionne les droits des parents dans le même verset, tout de suite après l'exhortation à adorer Allah seul qui est le plus important aspect de l'Islam. Donc, traiter gentiment les parents, les honorer et les respecter, tout cela est extrêmement important selon le mode de vie islamique.

Dans la suite de ce même verset, Allah précise les difficultés rencontrées par les mères en particulier pour élever leurs enfants. Il est également exigé que l'enfant affiche sa reconnaissance envers ses parents. Allah nous rappelle que c'est à Lui que nous retournerons. Donc, notre première allégeance est à Allah seul, suivie par la dévotion et la gentillesse envers nos parents.

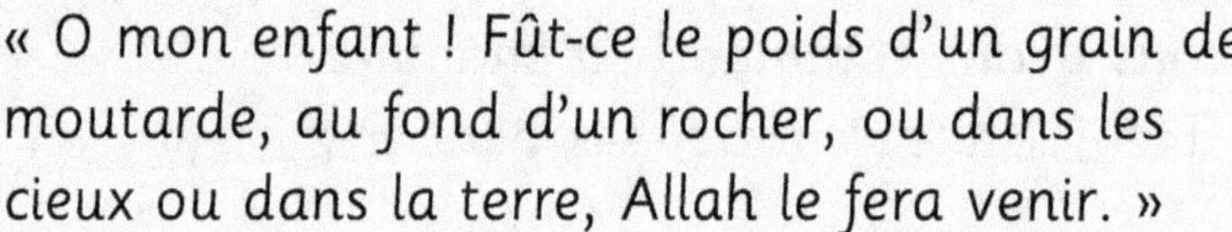

3

> « O mon enfant ! Fût-ce le poids d'un grain de moutarde, au fond d'un rocher, ou dans les cieux ou dans la terre, Allah le fera venir. »
>
> (Coran 31:16)

Puis, Luqman conseille à son fils de se rappeler la force et le pouvoir d'Allah. La connaissance d'Allah englobe parfaitement tout. Tout ce qui arrive ou arrivera dans ce monde est déjà connu d'Allah.

La puissance d'Allah est absolue. Personne ne doit la remettre en question, la contester ou l'ignorer.

4

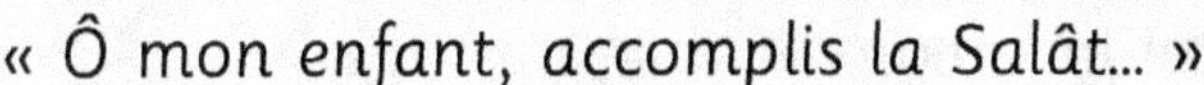

« Ô mon enfant, accomplis la Salât... »

(Coran 31:17)

Luqman conseille à son fils de prier régulièrement et au bon moment. Tous les parents devraient apprendre à leurs enfants le comment et le pourquoi de la prière, ainsi que son importance. Le mot prière en arabe, c'est « Salâ », qui veut dire lien et connexion. La prière est notre façon de nous connecter et de maintenir une connexion avec Allah. Par ses horaires fixes, la prière nous rappelle pourquoi nous sommes là. De plus, elle nous aide à détourner nos pensées et actions loin du péché et à se souvenir incessamment d'Allah.

5

> « ... commande le convenable, interdis
> le blâmable »
>
> (Coran 31:17)

Enjoindre le bien et interdire le mal, c'est une responsabilité incombant à chaque croyant. Qu'il s'agit des dirigeants ou des sujets, des hommes ou des femmes, chacun selon ses capacités.

6

« ... et endure ce qui t'arrive avec patience... »

(Coran 31:17)

Luqman conseille à son fils de perfectionner sa prière, d'enjoindre le bien et d'interdire le mal. Ensuite, il lui recommande de faire preuve de patience en traitant avec les gens à cette fin et en toutes choses. Se souvenir d'Allah et contempler Sa grandeur, c'est la clé de la patience qui a son tour est celle du paradis éternel. C'était vraiment un sage conseil.

7

« Et ne détourne pas ton visage des hommes... »

(Coran 31:18)

Essayez d'agir comme si vous étiez meilleur que tout le monde. L'humilité est une qualité assez recherchée par tout croyant. Elle peut nous conduire au Paradis, tout comme son opposé, l'arrogance, peut nous conduire en Enfer. L'arrogance ou le manque d'humilité de Satan ont non seulement entraîné son expulsion du Paradis, mais l'ont également condamné, ainsi que ses disciples, à l'Enfer. Le Prophète Mohammad ne se comportait pas envers les autres comme s'il était meilleur qu'eux. Il ne dédaignait pas de travailler de ses mains. L'un de ses compagnons a rapporté que le Prophète Mohammad partageait joyeusement le travail avec les serviteurs ou les ouvriers.

8

« … et ne foule pas la terre avec arrogance : car Allah n'aime pas le présomptueux plein de gloriole. »

(Coran 31:18)

Marcher çà et là avec insolence, est une autre forme d'arrogance. C'est comme si Luqman voulait souligner l'importance de l'humilité. Tous les hommes sont égaux aux yeux d'Allah. La seule chose qui les distingue, c'est la piété. Le Prophète Mohammad, ses compagnons et les premières générations de musulmans, assimilaient bien le concept d'humilité.

9

« Sois modeste dans ta démarche »

(Coran 31:19)

Selon un proverbe amérindien, « Nous serons reconnus par les traces que nous laissons. » Luqman conseille à son fils de marcher doucement, sans surtout faire beaucoup de bruit. Il exhorte à la patience et à l'humilité qui devraient être le comportement normal d'une personne. C'est comme on le dit de nos jours, le comportement par défaut. Les croyants devraient être connus par leur humilité, douceur et bonté.

10

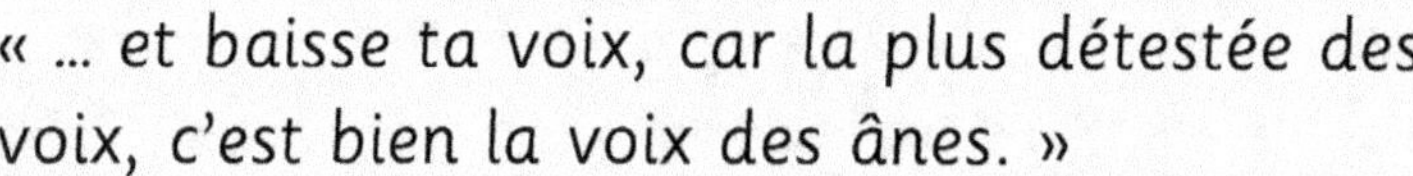

« … et baisse ta voix, car la plus détestée des voix, c'est bien la voix des ânes. »

(Coran 31:19)

Enfin, Luqman conseille à son fils de baisser la voix. Être fort et dur, dit-il, rend sa voix pareille au braiment des ânes. Ne tentez point de l'emporter par les hauts cris. Ceci va offenser les gens et vous n'allez pas gagner leurs cœurs.